BEI GRIN MACHT SICH IHR
WISSEN BEZAHLT

- Wir veröffentlichen Ihre Hausarbeit,
  Bachelor- und Masterarbeit

- Ihr eigenes eBook und Buch -
  weltweit in allen wichtigen Shops

- Verdienen Sie an jedem Verkauf

Jetzt bei www.GRIN.com hochladen
und kostenlos publizieren

Bibliografische Information der Deutschen Nationalbibliothek:

Die Deutsche Bibliothek verzeichnet diese Publikation in der Deutschen National-
bibliografie; detaillierte bibliografische Daten sind im Internet über http://dnb.d-
nb.de/ abrufbar.

Impressum:

Copyright © 2016 GRIN Verlag
Druck und Bindung: Books on Demand GmbH, Norderstedt Germany
ISBN: 9783668632554

Dieses Buch bei GRIN:

https://www.grin.com/document/412068

Irina Wolinski

Trainingsplanung für das Beweglichkeits- und Koordinationstraining

GRIN Verlag

GRIN - Your knowledge has value

Der GRIN Verlag publiziert seit 1998 wissenschaftliche Arbeiten von Studenten, Hochschullehrern und anderen Akademikern als eBook und gedrucktes Buch. Die Verlagswebsite www.grin.com ist die ideale Plattform zur Veröffentlichung von Hausarbeiten, Abschlussarbeiten, wissenschaftlichen Aufsätzen, Dissertationen und Fachbüchern.

Besuchen Sie uns im Internet:

http://www.grin.com/

http://www.facebook.com/grincom

http://www.twitter.com/grin_com

Inhaltsverzeichnis

1 Personendaten

Tab. 1: Darstellung der ermittelten Personendaten (eigene Darstellung)

Allgemeine Daten	
Geschlecht	Weiblich
Alter	24 Jahre alt
Berufliche Tätigkeit	Studentin
Körpergröße	166 cm
Körpergewicht	48 kg
Trainingsmotive	Verbesserung der Beweglichkeit Sitzen im Längsspagat (noch 10 - 15 cm fehlend)
Aktuelle und frühere sportliche Aktivitäten	**Früher:** Cheerleading (3 Jahre), Beginner bis Fortgeschrittene, wettkampfsportlich, Training: drei Mal pro Woche, ca. 2 Stunden pro Einheit **Aktuell:** Cheerdance (seit 1,5 Jahren), Fortgeschrittene, breitensportlich, Training: ein Mal pro Woche – 2 Stunden
Aktueller Leistungsstand	Fortgeschrittener
Zeitliche Verfügungsrahmen	Zwei Mal pro Woche, 1,5 Stunden
Gesundheitszustand	
Allgemeiner Gesundheitszustand	Es liegen weder internistische noch orthopädische Probleme vor. Demzufolge findet keine ärztliche Behandlung sowie Medikamenteneinnahme statt.
Sonstige gesundheitliche Einschränkungen	Keine Einschränkungen vorhanden

Die Probandin weist keine gesundheitlichen Einschränkungen, die bei der Trainingsplanung eine besondere Rücksichtnahme erfordern, auf. Sie hat durch das Tanzen ein gutes Körpergefühl. Der aktuelle Leistungszustand ermöglicht ein breites Spektrum an Übungen, die das Koordinations- und Beweglichkeitstraining begünstigen.

2 Beweglichkeitstestung

2.1 Detaillierte Beschreibung zur Durchführung der manuellen Beweglichkeitstestung sowie die jeweiligen Richt- bzw. Normwerte

Die Beweglichkeitsdiagnostik erfolgt durch ein Testverfahren, das an die Muskelfunktionsprüfung nach Janda angelehnt ist. Im Folgenden werden fünf Muskelgruppen der manuellen Beweglichkeitstestung unterzogen.

2.1.1 Testung des M. pectoralis major

Der Proband liegt in Rückenlage auf der Behandlungsliege, wobei das Schultergelenk mit dem Rand der Behandlungsliege abschließt, um einer möglichen Beweglichkeitseinschränkung durch die Behandlungsliege vorzubeugen. Die Beine sind angewinkelt und die Füße sind auf der Auflagefläche aufgestellt, damit eine Fixierung des Beckens möglich wird. Um auch die Lendenwirbelsäule zu fixieren, wird der Proband aufgefordert die Bauchmuskulatur anzuspannen, denn sowohl eine Hyperlordose als auch das Abheben des Beckens führen zu einer Manipulation des Testergebnisses. Der Thorax wird durch die Hand des Testers fixiert, in dem er, in diagonaler Richtung von der zu testenden Seite, einen leichten Zug setzt. Der Arm der zu testenden Seite wird im Schultergelenk abduziert und nach außen rotiert. Das Ellenbogengelenk wird 90° gebeugt. Nun wird die Position des Oberarms zur Horizontalen betrachtet.

Tab. 2: Richtwerte der Beweglichkeitstestung des M. pectoralis major (eigene Darstellung)

Stufe	Auswertung
0	Der Oberarm erreicht die Horizontale und kann durch leichten Druck des Testers unter die Horizontale bewegt werden. Es liegen keine Beweglichkeitseinschränkungen vor.
1	Der Oberarm erreicht die Horizontale nicht und kann nur durch leichten Druck des Testers bis zur Horizontalen bewegt werden. Es liegen leichte Beweglichkeitseinschränkungen vor.
2	Der Oberarm erreicht auch durch leichten Druck des Testers nicht die Horizontale. Es liegen deutliche Beweglichkeitseinschränkungen vor.

2.1.2 Testung des M. iliopsoas

Der Proband befindet sich in Rückenlage auf der Behandlungsliege, so, dass das Gesäß mit dem Rand der Behandlungsliege abschließt. Er zieht selbstständig ein angewinkeltes

Bein maximal zum Körper heran, während sich das zu testende Bein im Überhang befindet. Durch die maximale Hüftflexion, die durch das Heranziehen des nicht zu testenden Beines entsteht, werden das Becken und die Lendenwirbelsäule stabilisiert. Zusätzlich kann die Lendenwirbelsäule, durch das Herunterdrücken der Lendenwirbelsäule in die Unterlage, fixiert werden. Durch die Fixierung werden eine Hyperlordose und das Abheben des Beckens verhindert, sodass das Testergebnis nicht manipuliert wird.

Als Messbereich gilt der Hüftbeugewinkel, das bedeutet man betrachtet die Position des Oberschenkels im Verhältnis zur Körperlängsachse.

Tab. 3: Richtwerte der Beweglichkeitstestung des M. iliopsoas (eigene Darstellung)

Stufe	Auswertung
0	Der Oberschenkel erreicht die Horizontale und kann durch leichten Druck des Testers unter die Horizontale bewegt werden. Es liegt kein Beweglichkeitsdefizit vor.
1	Der Oberschenkel erreicht die Horizontale nicht, es bleibt eine leichte Hüftbeuge vorhanden. Jedoch kann der Oberschenkel durch den leichten Druck des Testers bis zur Horizontalen bewegt werden. Es liegt ein leichtes Beweglichkeitsdefizit vor.
2	Der Oberschenkel erreicht die Horizontale auch durch den leichten Druck des Testers nicht. Es liegt ein deutliches Beweglichkeitsdefizit vor.

2.1.3 Testung des M. rectus femoris

Der Proband befindet sich in Rückenlage auf der Behandlungsliege, so, dass das Gesäß mit dem Rand der Behandlungsliege abschließt. Er zieht selbstständig ein angewinkeltes Bein maximal zum Körper heran, während sich das zu testende Bein im Überhang befindet. Durch die maximale Hüftflexion, die durch das Heranziehen des nicht zu testenden Beines entsteht, werden das Becken und die Lendenwirbelsäule stabilisiert. Durch die Fixierung werden eine Hyperlordose und das Abheben des Beckens verhindert, sodass das Testergebnis nicht manipuliert wird. Das zu testende Bein wird durch den Tester im maximal möglichen Hüftextensionswinkel fixiert. Anschließend wird das Bein, durch den Tester, in einen maximal möglichen Kniebeugewinkel gebracht. Als Messbereich wird der Kniebeugewinkel betrachtet.

Tab. 4: : Richtwerte der Beweglichkeitstestung des M. rectus femoris (eigene Darstellung)

Stufe	Auswertung
0	Der Unterschenkel hängt senkrecht zum Boden herab und die Kniebeugung kann durch leichten Druck des Testers vergrößert werden. Es liegen keine Beweglichkeitsdefizite vor.

1	Der Unterschenkel hängt nicht senkrecht herab und ist leicht nach vorne gestreckt, jedoch ist es durch den leichten Druck des Testers möglich einen 90° Kniebeugewinkel zu erreichen. Es liegen leichte Beweglichkeitsdefizite vor.
Stufe	Auswertung
2	Der Unterschenkel ist deutlich nach vorne gestreckt und der Kniebeugewinkel von 90° kann auch durch den Druck des Testers nicht erreicht werden. Es liegen deutliche Beweglichkeitsdefizite vor.

2.1.4   Testung der Mm. ischiocrurales

Der Proband liegt auf der Behandlungsliege in Rückenlage, wobei das nicht zu testende Bein im Hüft- und Kniegelenk gebeugt und der Fuß auf der Liege aufgestellt ist. Der Tester führt das zu testende Bein in die maximal mögliche Hüftflexion, dabei bleibt das Kniegelenk gestreckt. Die vom Probanden aus körperferne Hand des Testers führt die Bewegung und die körpernahe Hand des Testers fixiert das Kniegelenk, in dem er seine Hand unterhalb der Patella auflegt.

Es ist zu beachten, dass das Becken nicht abhebt und eine Hyperlordose vermieden wird. Ebenfalls ist darauf zu achten, dass das Gegenbein in der Ausgangsposition bleibt und das Kniegelenk des zu testenden Beines gestreckt bleibt. Andernfalls sind Manipulationen des Testergebnisses zu erwarten.

Als Messbereich gilt der Hüftbeugewinkel, der sich aus der Beinachse und der Longitudinalachse zusammensetzt.

Tab. 5: Richtwerte der Beweglichkeitstestung der Mm. ischiocrurales (eigene Darstellung)

Stufe	Auswertung
0	Die Hüftgelenksflexion ist im Ausmaß von 90° möglich. Es liegt keine Beweglichkeitseinschränkung vor.
1	Die Hüftgelenksflexion ist zwischen 80° und 90° möglich. Es liegt eine leichte Beweglichkeitseinschränkung vor.
2	Die Hüftgelenksflexion ist nur unter 80° möglich. Es liegt eine deutliche Beweglichkeitseinschränkung vor.

2.1.5   Testung der Mm. triceps surae

Der Proband befindet sich in Rückenlage auf der Behandlungsliege, wobei das nicht zu testende Bein im Hüft- und Kniegelenk gebeugt und der Fuß auf der Liege aufgestellt ist. Das zu testende Bein ist gestreckt, wobei die distale Hälfte des Unterschenkels über das Ende der Liege herausragt. Der Tester greift mit der einen Hand das zu testende Bein am distalen Fersenbein und mit der anderen Hand den Fuß an der Fußaußenkante. Der Tester zieht an der Ferse distalwärts und drückt mit dem Daumen der anderen Hand

6

achsengerechter auf den Vorfuß in Richtung des Schienbeines. Das Kniegelenk bleibt während der Testung des **M. gastrocnemius** in Extension. Der **M. soleus** wird nach dem gleichen Schema getestet, jedoch wird nach dem Erreichen der maximalen Dorsalextension eine Flexion im Kniegelenk zugelassen und es wird versucht das Bewegungsausmaß zu erweitern.

Zu beachten ist, dass der Druck mit dem Daumen am Fußaußenrand erfolgt. Andernfalls kann beim Druck auf die Mitte der Fußsohle eine reflektorische Anspannung provoziert werden, sodass das Testergebnis verfälscht wird.

Tab. 6: Richtwerte der Beweglichkeitstestung der Mm. triceps surae (eigene Darstellung)

Stufe	Auswertung
0	Die Dorsalextension ist mindestens bis zur 0°-Stellung möglich, dabei beträgt der Winkel zwischen Fuß und Unterschenkel mindestens 90°. Es liegen keine Beweglichkeitsdefizite vor.
1	Die Dorsalextension ist möglich, jedoch wird die 0°-Stellung nicht erreicht. Es liegen leichte Beweglichkeitsdefizite vor.
2	Die Dorsalextension ist nur bis zehn Grad unterhalb der 0°-Stellung möglich. Es liegen deutliche Beweglichkeitsdefizite vor.

2.2 Darstellung der Testergebnisse des Probanden und deren Bewertung

Tab. 7: Darstellung der Testergebnisse der manuellen Beweglichkeitstestung des Probanden (eigene Darstellung)

Manuelle Beweglichkeitstestung des...	Testergebnisse	
	Rechts	Links
M. pectoralis major	Stufe 0	Stufe 0
M. iliopsoas	Stufe 0	Stufe 0
M. rectus femoris	Stufe 1	Stufe 1
Mm. ischiocrurales	Stufe 0	Stufe 0
Mm. triceps surae	Stufe 0	Stufe 0

Die Testergebnisse der manuellen Beweglichkeitstestung zeigen, dass keine Beweglichkeitsdefizite (Stufe 0) in der Brustmuskulatur, der Mm. ischiocrurales, des M. iliopsoas sowie der Mm. triceps surae vorliegen. Leichte Beweglichkeitsdefizite (Stufe 1) zeigt der M. rectus femoris. Es gibt keine Unterschiede innerhalb einer Muskelgruppe im seitenvergleich.

3 Trainingsplanung für das Beweglichkeitstraining

3.1 Trainingsplanung

Vor jedem Dehntraining wird eine ausreichende Erwärmung durchgeführt, um den gesamten Körper auf die anschließenden Dehnübungen optimal vorzubereiten. Während des Trainings ist darauf zu achten, dass die Dehnposition langsam eingenommen wird.

Tab. 8: Darstellung der Trainingsplanung (eigene Darstellung)

Dehnübung	Zielmuskulatur	Dehnmethode
Dehnung des Nackens im Stand	M. trapezius pars descendens	Aktiv statisch
Dehnung der Brustmuskulatur im Stand	M. pectoralis major, M. biceps brachii, M. deltoideus pars clavicularis	aktiv statisch
Dehnung der vorderseitigen Oberschenkelmuskulatur im Stand	M. quadriceps femoris	Aktiv statisch
Dehnung der Hüftbeugemuskulatur im Kniestand	M. iliopsoas, M. rectus femoris	passiv statisch
Dehnung der Rückenstrecker im Vierfüßlerstand	Mm. erector spinae	Aktiv dynamisch
Dehnung der rückseitigen Oberschenkelmuskulatur im Langsitz	Mm. ischiocrurales	Aktiv statisch
Dehnung der Adduktoren im Schneidersitz mit Partner	M. adductor brevis, M. adductor magnus, M. adductor longus, M. pectineus	passiv dynamisch
Dehnung der Wadenmuskulatur im Langsitz	M. triceps surae	aktiv statisch
Dehnung der Gesäßmuskulatur in Rückenlage	M. glutaeus maximus, M. glutaeus medius, M. glutaeus minimus	Passiv statisch
Dehnung der rückseitigen Oberschenkelmuskulatur in Rückenlage mit Partner	Mm. ischiocrurales	Postisometrisches Dehnen

In der nachfolgenden Tabelle wird das Belastungsgefüge dargestellt.

Tab. 9: Darstellung des Belastungsgefüges (eigene Darstellung)

Dehnmethode	Belastungsgefüge			
	Dehndauer	Intensität	Sätze pro Übung	Häufigkeit pro Woche
Aktiv statisch	30 Sekunden	Bis zur maximalen Dehngrenze	3 Sätze	2 mal pro Woche
Passiv statisch				
Aktiv dynamisch	15 Wiederholungen			

8

Passiv dynamisch				
Anspannungs- Entspannungs- Dehnen	10 Sekunden isometrische Anspannung, drei Sekunden bewusste Entspannung, 25 Sekunden intensive Dehnung ➜ 3 Wiederholungen = 114 Sekunden			

3.2 Detaillierte Beschreibung zur Durchführung der Dehnübungen

Dehnung des Nackens im Stand

Die Ausgangsposition ist der Stand. Der Proband neigt seinen Kopf zur Seite, wobei die Blickrichtung nach vorne gerichtet bleibt. Anschließend wird die gegenüberliegende Schulter aktiv nach unten gezogen. Die Endposition wird nun gehalten.

Dehnung der Brustmuskulatur im Stand

Die Ausgangsposition ist der Stand. Die Hände werden hinter dem Oberkörper verschränkt. Anschließend werden die gestreckten Arme aktiv nach oben gehoben, wobei darauf zu achten ist, dass die Schultern tief gedrückt werden und die Körperhaltung aufrechtbleibt. Die Endposition wird nun gehalten.

Dehnung der vorderseitigen Oberschenkelmuskulatur im Stand

Die Ausgangsposition ist der Stand. Der Proband greift mit einer Hand das gleichseitige, im Kniegelenk gebeugte Bein am Unterschenkel, über dem Sprunggelenk und führt die Ferse auf die Höhe des Gesäßes. Anschließend wird das Gesäß angespannt, das Becken aufgerichtet und die Ferse maximal zum Gesäß gezogen. Es ist darauf zu achten, dass beide Oberschenkel parallel zueinander sind und das Knie des gedehnten Beines vertikal nach unten zeigt. Das Standbein bleibt leicht gebeugt. Die Endposition wird nun gehalten.

Dehnung der Hüftbeugemuskulatur im Kniestand

Die Ausgangsstellung ist der Kniestand. Ein Bein wird weit vor dem Körper aufgestellt, dabei ist es im Kniegelenk gebeugt und der Fuß steht vor dem Knie. Das hintere Bein liegt mit dem Unterschenkel und dem Knie auf dem Boden auf. Die Hände stützen auf dem vorderen Oberschenkel, sodass der Oberkörper aufrecht gehalten werden kann. Der

Körperschwerpunkt wird nach vorne verlagert. Durch die Verlagerung des Körperschwerpunktes nach vorne und den Einfluss der Schwerkraft wird die Dehnungsposition eingenommen. Die Endposition wird nun gehalten.

Dehnung der Rückenstrecker im Vierfüßlerstand

Die Ausgangsposition ist der Vierfüßlerstand. Der Kopf ist in Verlängerung zur Wirbelsäule. Der Proband spannt die Bauchmuskulatur aktiv an und wölbt die Wirbelsäule nach oben. Nun wird im Wechsel die Bauchmuskulatur gelöst, die Wirbelsäule nach unten gestreckt und anschließend die Bauchmuskulatur aktiv angespannt und die Wirbelsäule nach oben gewölbt.

Dehnung der rückseitigen Oberschenkelmuskulatur im Langsitz

Die Ausgangsposition ist der Langsitz. Beide Beine sind im Kniegelenk gestreckt. Nun wird der Oberkörper mit einem geraden Rücken nach vorne gebeugt, dabei kippt das Becken nach vorne. Der Proband kann sich an den Unterschenkeln festhalten oder die Arme in Verlängerung des Oberkörpers nach oben strecken. Die Endposition wird nun gehalten.

Dehnung der Adduktoren im Sitzen mit Partner

Die Ausgangsposition ist der Schneidersitz. Die Fußsohlen zeigen zueinander. Der Proband nimmt eine aufrechte Haltung ein, das heißt, dass der Kopf in Verlängerung zur Wirbelsäule und der Rücken gerade ist. Im Wechsel drückt der Partner die Knie in Richtung Boden und lässt den Druck auf die Knie weniger werden, um den Probanden dynamisch zu dehnen.

Dehnung der Wadenmuskulatur im Langsitz

Die Ausgangsposition ist der Langsitz. Beide Beine sind im Kniegelenk gestreckt. Der Proband kann sich mit den Händen hinter dem Oberkörper abstützen. Nun werden die Zehenspitzen aktiv in Richtung Oberkörper gezogen. Die Endposition wird nun gehalten.

Dehnung der Gesäßmuskulatur in Rückenlage

Die Ausgangsposition ist die Rückenlage. Der Kopf liegt in Verlängerung zur Wirbelsäule. Ein Bein steht angewinkelt auf dem Boden, das andere Bein wird in der Hüfte in die Außenrotation gebracht und mit dem Unterschenkel auf dem Stützbein platziert.

Nun greift der Proband mit beiden Händen unterhalb der Kniekehle des abgestellten Beines und zieht beide Beine zum Oberkörper heran. Die Endposition wird nun gehalten.

Dehnung der rückseitigen Oberschenkelmuskulatur in Rückenlage mit Partner

Die Ausgangsposition ist die Rückenlage. Der Partner führt das zu dehnende Bein soweit in die Hüftgelenksflexion, bis eine leichte Dehnposition erreicht ist. Nun spannt der Proband das zu dehnende Bein 10 Sekunden isometrisch in Richtung Extension des Hüftgelenks. Der Kontraktion folgt eine Entspannung von drei Sekunden. Nun führt der Partner das Bein des Probanden bis zu einer Dehnposition mit einem deutlich spürbaren Dehnreiz und hält 25 Sekunden statisch. Der Wechsel von isometrischer Kontraktion und Dehnung wird drei Mal wiederholt.

3.3 Begründung des Belastungsgefüges und des Dehnprogramms

Das Dehnprogramm beinhaltet zehn Dehnübungen, wobei ein Großteil der Übungen (sieben von zehn Übungen) auf die Dehnung der Beinmuskulatur ausgerichtet ist. Grund dafür sind leichte Beweglichkeitsdefizite des M. rectus femoris sowie das langfristige Ziel der Probandin einen Längsspagat einnehmen zu können. Das Programm basiert hauptsächlich auf der statischen Arbeitsweise, denn durch „das langsame Einnehmen der Dehnposition wird der Dehnungsreflex vermieden und die Muskelspindel durch das Halten der Position auf die neue Muskellänge eingestellt" (Gimbel, 2014, S. 127). In diesem Dehnprogramm wird überwiegend die aktive Dehnform verwendet, da eine aktive Muskelkräftigung der Antagonisten möglich wird (Güllich & Krüger, 2013, S. 482). Das Beweglichkeitstraining wird zwei Mal pro Woche absolviert, aufgrund dessen, das der Probandin nicht mehr Zeit in der Woche zur Verfügung steht. Empfohlen werden „mindestens zwei bis drei Trainingseinheiten pro Woche von ca. 10 min Gesamtdauer" (Güllich & Krüger, 2013, S. 483). Eine „Übungshäufigkeit von zwei bis vier Wiederholungen pro Übungen" (Güllich & Krüger, 2013, S. 483) wird empfohlen, weshalb die Satzzahl pro Übung auf drei festgelegt wurde. Die maximale Dehnintensität wurde gewählt, da diese „einer submaximalen Dehnintensität hinsichtlich der Verbesserung des Bewegungsausmaßes deutlich überlegen zu sein" (Lindel, 2010, S. 32) scheint. Die für die statische Dehnung gewählte Dehndauer entspricht der empfohlenen Dehndauer von 30 Sekunden (Lindel, 2010, S. 32). Für die dynamische Dehnung wurden 15 Wiederholungen festgelegt, da sich die maximale Bewegungsreichweite „über die 15

Wiederholungen der Trainingsserie bedeutsam" (Marschall, 1999, S. 8) verschiebt. Die Dehndauer des Anspannungs- Entspannungs- Dehnens, die eine isometrische Spannung von zehn Sekunden, eine Entspannungsphase von drei Sekunden sowie eine verstärkte Dehnung für 25 Sekunden vorsieht, wurde an die Angaben von Wottke (2004, S. 155) angelehnt.

4 Trainingsplanung für das Koordinationstraining

4.1 Trainingsplanung und eine detaillierte Beschreibung zur Durchführung der Koordinationsübungen

Das Koordinationstraining wird zu Beginn einer Trainingseinheit und ohne Schuhe durchgeführt.

Tab. 10: Darstellung des Belastungsgefüges des Koordinationstrainings (eigene Darstellung)

Trainingshäufig-keit pro Woche	Sätze pro Übung	Satzpausen	Belastungsdauer
2	2-3	10sec – 2min	Insgesamt maximal 20 Minuten, statische Übungen 5-15sec, dynamische 5-30 Wiederholungen

4.1.1 Tandemstand auf dem Boden mit Ball

Der Proband steht im Tandemstand, dabei berühren die Zehenspitzen des hinteren Beines die Ferse des vorderen Beines. Anschließend werden die Fersen im Wechsel vom Boden gehoben und wieder abgesenkt. Dabei wird ein Ball möglichst zügig im Wechsel von der rechten in die linke Hand geworfen.

4.1.2 Einbeinstand auf dem Boden mit Ball

Der Übende steht auf einem Bein. Das Standbein ist im Kniegelenk leicht gebeugt und das Spielbein im Hüft- und Kniegelenk 90° gebeugt. Nun wird der Ball um den Körper herum geprellt, wobei im Wechsel mit der rechten und linken Hand geprellt wird.

4.1.3 Standwaage auf dem Boden

Der Proband steht auf einem Bein. Das Standbein ist im Kniegelenk leicht gebeugt. Der Oberkörper wird nach vorne geneigt und das Spielbein sowie beide Arme in Verlängerung des Oberkörpers geführt. Nun werden die Arme und das Spielbein im Wechsel nach oben in Richtung Decke gestreckt und unter dem Oberkörper zusammengeführt.

4.1.4 Kniebeuge auf dem Ballkissen

Der Übende steht mit beiden Beinen auf einem Ballkissen, dabei stehen die Füße hüftbreit auseinander. Anschließend beginnt er mit der Durchführung der Kniebeuge, dabei bleibt der Oberkörper gerade und die Füße berühren möglichst nicht den Boden.

4.1.5 Vierfüßlerstand auf dem Ballkissen

Der Proband befindet sich im Vierfüßlerstand, wobei unter einem Knie ein Ballkissen platziert wird. Das Knie befindet sich unter dem Hüftgelenk. Nun werden das andere Bein und der diagonale Arm nach oben geführt, bis diese mit dem Oberkörper eine Linie bilden. Anschließend werden Arm und Bein im Wechsel unter dem Oberkörper zusammengeführt und wieder gestreckt.

4.1.6 Kniestand auf zwei Ballkissen

Der Übende kniet sich mit einem Bein auf ein Ballkissen und stellt den Fuß des anderen Beines auf das zweite Ballkissen auf. Nun hält er die Balance und führt beide Arme aus der Horizontale nach oben und wieder zurück, der Oberkörper bleibt dabei gerade.

4.1.7 Seitenlage auf dem Pezziball

Der Proband befindet sich in Seitenlage auf dem Pezziball. Die Beine sind lang ausgestreckt und stehen in Schrittstellung. Die Arme sind lang über den Kopf ausgestreckt. Anschließend führt er die Seitneige im Oberkörper durch und lässt sich in Richtung Pezziball wieder absinken.

4.1.8 Pezziball rollen

Der Übende liegt in Bauchlage auf dem Pezziball. Nun rollt er bauchwärts nach vorne, bis die Arme den Boden berühren und der Ball sich in Höhe der Unterschenkel befindet. Anschließend wird der Ball zum Körper gerollt, wobei das Gesäß zur Decke gehoben wird und die Beine lang ausgestreckt bleiben. Im Wechsel wird der Pezziball heran und weg gerollt.

4.1.9 Liegestützen auf dem Pezziball mit Aero-Step

Der Proband stützt mit beiden Händen auf dem Pezziball. Zusätzlich stellt er ein Bein auf einem Aero-Step, während das andere Bein nach oben gestreckt und gehalten wird. Anschließend werden die Ellenbogen gebeugt und gestreckt. Der Oberkörper bleibt dabei gerade.

4.1.10 Kniestand auf dem Pezziball ohne und mit Kleingerät

Der Proband nimmt zunächst auf dem Pezziball die Position des Vierfüßlerstandes ein. Langsam werden die Hände in Richtung Knie bewegt, mit dem Ziel diese zu lösen. Nun balanciert der Übende mit beiden Knien auf dem Pezziball, wobei nur noch die Knie und die Unterschenkel aufliegen. Anfangs kann der Trainer durch das Halten der Hände des Trainierenden oder Stabilisieren des Pezziball helfen, bis dieser sich an die Belastung gewöhnt hat. Eine Steigerung wird durch Einsatz von Kleingeräten möglich.

4.2 Begründung des Belastungsgefüges und des Koordinationstrainingsprogramms

Das Koordinationsprogramm besteht aus zehn Übungen, die für fortgeschrittene Sportler geeignet sind. Die Probandin weist bereits durch das Cheerdance Erfahrungen im Koordinationstraining vor. Die koordinativen Übungen werden im Anschluss der Erwärmung absolviert, da die dafür geforderte Aufmerksamkeit zu Beginn einer Trainingseinheit hoch und die energetische Situation am günstigsten ist (Häfelinger & Schuba, 2004, S.59). „Alle Übungen werden barfuß ausgeführt, weil die Aufnahme der Reize, die Weiterleitung von Informationen und die Auslösung reflektorischer Muskelreaktionen, vor allem im Fußbereich (Fußreflexzonen), günstiger ist" (Häfelinger & Schuba, 2004, S.59). Ein „Koordinationstraining ist unter gewohnten und ungewohnten Bedingungen sowie mit zunehmender Komplexität auszuführen" (Güllich & Krüger, 2013, S.486). Leichte und einfache Übungen sollen mit der Zeit von schwierigen und komplexen Übungen abgelöst (Häfelinger & Schuba, 2004, S. 58) werden, weshalb das Übungsprogramm mit leichteren Übungen auf dem Boden beginnet und sich im Verlauf sowohl durch die Auswahl der Ausgangsstellung, zum Beispiel vom Tandemstand in den Einbeinstand, als auch durch die Auswahl der hinzukommenden Sportgeräte erschwert. Das Koordinationsprogramm wird zwei Mal pro Woche durchgeführt, da der zeitliche Verfügungsrahmen der Probandin eingeschränkt ist. Die zehn Übungen werden systematisch nacheinander aufgebaut, da eine maximale Übungsdauer von 20 Minuten nicht überschritten werden sollte (Häfelinger & Schuba, 2004, S.59). „Eine nachhaltige Verbesserung bestimmter koordinativer Fähigkeiten ist nur durch mehrfache Wiederholung neuer oder koordinativ anspruchsvoller Übungen unter zunehmender Erhöhung der Druckbedingungen zu erreichen" (Güllich & Krüger, 2013, S.486), weshalb pro Übungen zwei oder auch drei Sätze festgelegt wurden. Eine dynamische Übungsausführung besteht aus fünf bis 30 Wiederholungen, während eine statische Übung zwischen fünf und 15 Sekunden gehalten wird (Häfelinger & Schuba, 2004, S. 69). Die konkrete Wiederholungszahl und Haltezeit richten sich nach dem Befinden des Probanden, ebenso wie die Pausendauer, die zwischen zehn Sekunden und zwei Minuten betragen kann (Häfelinger & Schuba, 2004, S. 69), denn sobald die Konzentration nachlässt, kann auch die korrekte Ausführung der Übung nicht mehr gewährleistet werden und sollte deshalb abgebrochen werden (Häfelinger & Schuba, 2004, S. 59).

5 Literaturrecherche

In den folgenden Tabellen werden zwei Studien zu dem Thema Effekte des Dehnens auf die Bewegungsreichweite bzw. auf die Dehnspannung vorgestellt. Beide Studien führten die Untersuchung an der ischiocruralen Muskulatur durch.

Die folgende Tabelle stellt die Studie „Wie beeinflussen unterschiedliche Dehnintensitäten kurzfristig die Veränderung der Bewegungsreichweite?" von F. Marschall dar.

Tab. 11: Studie 1 zu dem Thema Effekte des Dehnens auf die Bewegungsreichweite bzw. die Dehnspannung (eigene Darstellung)

Wer hat die Studie durchgeführt?	F. Marschall
In welchem Jahr wurde die Studie publiziert?	1999
Mit welchen Versuchspersonen wurde die Studie durchgeführt?	An dem Versuchsaufbau nahmen 21 Versuchspersonen, davon neun Frauen und zwölf Männer, teil. Das Durchschnittsalter betrug 24,8 ± 3,4 Jahre. Die durchschnittliche Größe lag bei 172,9 ± 8,5cm und das Durchschnittsgewicht betrug 66,6 ± 11,0 kg. Die rechten und linken Beinseiten wurden jeweils differenziert behandelt, sodass 42 Fälle ausgewertet werden konnten.
Wie sah der Versuchsaufbau der Studie aus?	„Die maximale Bewegungsreichweite wurde vor und unmittelbar nach der Trainingsprozedur erfasst" (Marschall, 1999, S. 5). Die Datenerhebung erfolgte bei konstanter Raumtemperatur, 22,0 ± 1,1°C, und Luftfeuchtigkeit, 54,7 ± 8,0 %. Weiterhin wurden die Motivation und die subjektive Befindlichkeit als Kontrollvariablen mit Hilfe eines Fragebogens erfasst (Marschall, 1999, S. 7). Nach einem Eingewöhnungstest

	zur Erfassung der maximalen Dehnung, wurden die Teilnehmer „zufällig den treatment-Gruppen „Weiches Dehnen" und „Maximales Dehnen" zugewiesen" (Marschall, 1999, S. 7). In einem Vortest wurde, nach einer spezifischen Erwärmung der ischiocruralen Muskulatur auf einem Fahrradergometer mit einer Belastung von 1,5 Watt/kg Körpergewicht und „einer anschließenden standardisierten Kniegelenkbeugung" (Marschall, 1999, S, 7), die maximale Dehnung ermittelt. Die Treatment-Prozedur bestand aus insgesamt 15 Wiederholungen ohne Pausen. Die Ausführung wurde „aus der Neutral-0°-Position des Hüftgelenks bis zur jeweiligen von der Versuchsperson bestimmten treatment-Grenze" (Marschall, 1999, S.7) vorgenommen. Abschließend wurde eine erneute Erfassung der maximalen Dehnung durchgeführt (Marschall, 1999, S. 7).
Welche relevanten Ergebnisse und Schlussfolgerungen lieferte die Studie?	Beide Intensitätsstufen verbuchen eine kurzfristige signifikante Verbesserung der maximalen Bewegungsreichweite. Die Differenz zwischen dem Prä- und dem Post-Test, im Bezug auf die maximale Dehnung, „beträgt im Mittel 7,24 ± 4,19° bei maximaler Intensität und 3,29 ± 4,53° bei submaximaler Intensität" (Marschall, 1999, S. 7). Es liegt ein statistisch bedeutsamer Unterschied zwischen der Veränderung mit der maximalen Intensität und der submaximalen Intensität bezüglich der Bewegungsreichweite vor (Marschall, 1999, S. 7). Weiterhin kann festgestellt werden, dass sich die maximale Bewegungsreichweite „über die 15 Wiederholungen der Trainingsserie bedeutsam" (Marschall, 1999, S. 8) verschiebt. Der Differenzwert zwischen der ersten und der fünfzehnten Wiederholung beträgt 6,24° (Marschall, 1999, S. 8). Die durch einen Fragebogen erfragten Kontrollvariablen Motivation und Tagesform, „zeigen keine Interaktion mit den gefundenen Trainingseffekten" (Marschall, 1999, S. 7).

Die folgende Tabelle stellt die Studie „Bewegungsreichweite, Zugkraft und Muskelaktivität bei eigen- bzw. fremdregulierter Dehnung" von S. Glück, M. Schwarz, U. Hoffmann und G. Wydra dar.

Tab. 12: Studie 2 zu dem Thema Effekte des Dehnens auf die Bewegungsreichweite bzw. die Dehnspannung (eigene Darstellung)

Wer hat die Studie durchgeführt?	S. Glück, M. Schwarz, U. Hoffmann, G. Wydra
In welchem Jahr wurde die Studie publiziert?	2002
Mit welchen Versuchspersonen wurde die Studie durchgeführt?	An dieser Studie nahmen 27 Sportstudenten, davon elf Frauen und 16 Männer, teil. Das Durchschnittsalter betrug 25 ± 2 Jahre, das durchschnittliche Gewicht 68 ± 10 kg und die Durchschnittsgröße lag bei 176 ± 8 cm (Glück, Schwarz, Hoffmann & Wydra, 2002, S.66).

	Ein Ausschlusskriterium stellten „Studenten, die Sportarten mit über- durchschnittlich hohen Beweglichkeitsanteilen, wie z.B. Turnen, Rhyth- mische Sportgymnastik oder Akrobatik, betrieben" (Glück et al., 2002, S. 68) dar.
Wie sah der Versuchsaufbau der Studie aus?	„Die Probanden wurden zufällig in drei Gruppen aufgeteilt und führten zur Überprüfung der Dehnfähigkeit der ischiocruralen Muskeln drei standardisierte Testformen in Randomisierter Reihenfolge durch" (Glück et al., 2002, S. 68). Die erste Gruppe führte eine direkte Eigendehnung durch, während die zweite Gruppe eine indirekte Eigendehnung durch das selbstständige Bedienen eines Motors absolvierte. Die dritte Gruppe führte eine indi- rekte Fremddehnung durch (Glück et al., 2002, S. 66).
Wie sah der Versuchsaufbau der Studie aus?	Die Probanden nahmen innerhalb von einer Woche an drei Gewöh- nungsterminen teil. Dabei lernten sie die Apparatur, die Durchführungs- formen sowie die maximale Dehnposition an der Schmerzgrenze ken- nen. Im Anschluss an die drei Gewöhnungstermine wurde eine Woche pausiert und danach begann die dreiwöchige Testphase. Während der Testphase sollte kein zusätzliches Beweglichkeitstraining absolviert werden, denn es sollte nur ein Test pro Woche durchgeführt werden. Außerdem sollten keine intensiven körperlichen Belastungen an den jeweiligen Vortagen der Testtermine durchgeführt werden. Der Testzeit- raum erstreckte sich über fünf Wochen (Glück et al., 2002, S.68). Während im ersten Test eine direkte Eigendehnung durchgeführt wurde, in dem sie sich selbstständig über einen Seilzug dehnten, dehnte sie sich im zweiten Test durch das „selbstständige Bedienen eines Elekt- romotors" (Glück et al., 2002, S. 68). „Im dritten Test steuerte der Test- leiter über einen Elektromotor die indirekte Fremddehnung" (Glück et al., 2002, S. 68), jedoch hatten die Probanden die Möglichkeit eigen- ständig die Intensität der Dehnung durch Zuruf zu steuern. Vor jedem Test fand eine „Erwärmung auf einem Fahrradergometer (1,5 Watt•kg^{-1} Körpergewicht)" (Glück, et al., 2002. S. 68) statt. Dann wurde das Testbein 15mal nacheinander in die maximale Dehnposition und gleich wieder in die Ausgangsposition bewegt. Die Probanden wurden „nach der für sie am angenehmsten empfunde- nen Durchführungsform befragt" (Glück et al., 2002, S. 69), nachdem sie alle drei Dehnmethoden getestet hatten.
Welche relevanten Ergebnisse und Schlussfolgerungen liefer- te die Studie?	Es konnten hochsignifikante Unterschiede sowohl zwischen der direkten und der indirekten Eigendehnung als auch zwischen der direkten Ei- gendehnung und der indirekten Fremddehnung nachgewiesen werden. Die Mittelwerte zwischen der ersten und der 15. Messung lagen bei der direkten Eigendehnung bei 110,7 ± 12,5°, bei der indirekten Eigendeh- nung bei 105,7 ± 12,2° und bei der indirekten Fremddehnung bei 105,4 ± 12,2°. Die maximale Bewegungsreichweite lag bei der direkten Eigen- dehnung um fünf Prozent höher als bei der indirekten Eigen- und Fremddehnung. „Zwischen den beiden indirekten Verfahren konnte kein Unterschied nachgewiesen werden" (Glück et al., 2002, S. 69).

6   Literaturverzeichnis

Gimbel, B. (2014). *Körpermanagement.* Heidelberg: Springer.

Glück, S., Schwarz, M., Hoffmann, U., & Wydra, G. (2002). Bewegungsreichweite, Zugkraft und Muskelaktivität bei eigen- bzw. fremdregulierter Dehnung. *Deutsche Zeitschrift für Sportmedizin 53*(3), 66-71.

Güllich, A., & Krüger, M. (2013). *Sport - Das Lehrbuch für das Sportstudium.* Heidelberg: Springer.

Häfelinger, U., & Schuba, V. (2004). *Koordinationstherapie - Propriozeptives Training (2. Aufl.).* Aachen: Meyer & Meyer.

Lindel, K. (2010). *Muskeldehnung (2. Aufl.).* . Heidelberg: Springer.

Marschall, F. (1999). Wie beeinflussen unterschiedliche Dehnintensitäten kurzfristig die Veränderung der Bewegungsreichweite?. *Deutsche Zeitschrift für Sportmedizin 50* (1), 5-9.

Wottke, D. (2004). *Die große orthopädische Rückenschule.* Heidelberg: Springer.

7   Tabellenverzeichnis